AF273735

Soft Skills

REDACTAR
MEJOR

24 lecciones útiles
para escribir de forma clara,
precisa y contundente

HEATHER PIERCE

> «Quien quiera convencer no debe confiar en el argumento correcto, sino en la palabra correcta.»

-Josep Conrad,
novelista inglés de origen polaco

La edición original de esta obra ha sido publicada en lengua inglesa por The McGraw-Hill Companies, Inc., Nueva York con el titulo: *Persuasive Proposals and Presentations. 24 Lessons for Writing Winners*, 2004

© Profit Editorial I., S.L., 2025

Diseño de cubierta: XicArt
Maquetación: www.freiredisseny.com

ISBN: 978-84-10235-66-3
Depósito legal: B 29-2025
Primera edición: Enero de 2025

Impresión: Gráficas Rey
Impreso en España / *Printed in Spain*

Índice

ICONOS USADOS EN ESTE LIBRO

 Listas. Con la información sintetizada y ordenada.

 Sugerencias, ideas ... Al final de cada capítulo se proponen tres.

 Este icono señala en el texto un ejercicio o práctica.

 Soluciones o estrategias casi mágicas.

 Herramientas para mejorar sus habilidades.

 Este icono marca soluciones de mejora entre dos opciones.

 Resumen o ejemplo de un determinado proceso

Presentación

Las ofertas comerciales y presentaciones pueden lograr un acuerdo o arruinarlo. Suelen ser la primera (y, a menudo, la única) demostración tangible de la experiencia y las cualificaciones del candidato. Las ofertas comerciales que ganan concursos siguen una estrategia de ventas de éxito, que empieza comprendiendo las necesidades del cliente y, en cuanto tiene oportunidad, supera sus expectativas. Muchos contratos o proyectos se adjudican tan solo basándose en la solidez de la oferta.

Las ofertas que no ganan concursos se caracterizan por no presentar un argumento sólido y no diferenciar claramente al candidato de la competencia. Son ofertas que no transmiten de manera convincente al cliente las cualidades del candidato ni su superioridad. Además, suelen estar escritas más desde el punto de vista del candidato que desde el cliente.

Una oferta o presentación mal escrita transmite desorganización, falta de interés y poca cualificación. El cliente interpreta que su trabajo será así si le asigna el contrato o proyecto. En cambio, una oferta o presentación bien redactada le catapulta al siguiente paso del proceso de compra y aumenta la confianza del cliente en una futura relación comercial de éxito.

Presente una oferta o presentación perfecta tanto si es la primera vez que se presenta al cliente, en respuesta a una solicitud de propuesta, como si presenta una oferta informal por iniciativa propia.

No olvide que en el proceso de selección de un proveedor, los clientes tienen que elegir entre varias empresas con cualificaciones muy similares. A priori, parece que todos los candidatos satisfacen las necesidades del cliente y le ofrecen un producto o servicio adecuado. Usted decide si quiere que su oferta o presentación le presente como otra empresa más o le diferencie de la competencia y le sitúe en mejor posición. Si el cliente debe elegir entre una empresa «aceptable» y una «excepcional», ¿cuál cree que elegirá?

Si quiere presentar ofertas y presentaciones realmente excepcionales, diseñe primero una estrategia ganadora. Es fundamental comprender las necesidades del cliente y hablar directamente con él para crear una relación de entendimiento y facilitar el acuerdo. Al redactar la oferta, concéntrese en un argumento y transmita los puntos clave. Descifre los mensajes ocultos del cliente y anticipe el mejor modo de presentar sus puntos fuertes. Aproveche todas las oportunidades para demostrar que su experiencia y sus cualificaciones son beneficiosas para el cliente.

Sea convincente y presente una oferta clara, concisa y bien organizada. Demuestre su compromiso con la calidad ofreciendo a los clientes un documento sorprendentemente fácil de leer e impecablemente escrito. Siga estas instrucciones como si el acuerdo dependiera de ello, ¡suele ser así!

Con estas lecciones, sus ofertas y presentaciones se diferenciarán del resto por una estrategia de ventas ganadora. Aquí encontrará todo lo que necesita para convencer por escrito.

Parte 1

Diseñar una estrategia ganadora

«Existen tres medios de persuasión con la palabra oral: el primero depende del carácter personal del orador; el segundo, de la capacidad de transmitir emociones, y el tercero, de demostrar con las palabras del discurso.»

—Aristóteles

01

Despejar todas las dudas

«¿Tenemos que hablar
para llegar a un acuerdo
o llegar a un acuerdo
para hablar?»

—José Bergamín, escritor español

Como buenos políticos, nos han enseñado a evitar las cuestiones controvertidas, especialmente en el trabajo. Aunque esta táctica pueda servir para ganar elecciones, no es nada recomendable para ganar concursos.

¿Nunca le ha sucedido que después de una reunión con un cliente, en la que ha escuchado atentamente y ha tomado copiosas notas, llega a casa y le surgen dudas? En el momento de redactar una oferta o una presentación, es especialmente importante haber resuelto todas las dudas, o casi todas. Si quedan cuestiones poco claras, podría saltarse la primera norma básica, que es darle al cliente lo que quiere.

En una solicitud de propuesta, debe despejar todas las dudas lo antes posible. No pase por alto ninguna cuestión ni suponga que el cliente lo entenderá como usted. Resuelva inmediatamente todas las dudas e identifique los puntos en que no cumple los requisitos del cliente *antes* de dedicar horas a una oferta que ni siquiera se tomará en consideración.

Aclarar los siguientes puntos le ayudará a presentar una oferta sin sorpresas desagradables y, lo más decisivo, con todo lo que el cliente quiere:

Preguntas de la solicitud poco claras. Lea atentamente la solicitud de propuesta y anote todas las preguntas que se le planteen. Reúnase con el cliente para analizar estas preguntas y averiguar qué pregunta exactamente y qué respuesta espera. Como recompensa por su actitud proactiva, todo lo que descubra diferenciará a su oferta de la competencia.

Requisitos que no cumple. Supongamos que un requisito es la conformidad con una norma específica. Es posible que, en su caso en concreto, no sea necesario que la empresa disponga de esta conformidad o que esté previsto obtenerla en un futuro próximo: explíquelo. No obstante, hay requisitos que pueden ser insalvables: descubra si estos puntos le dejarían fuera de concurso.

Ahora ya sabe exactamente qué quiere el cliente y ¡horror! se da cuenta de que no es uno de sus puntos fuertes. No tire la toalla: demuestre su confianza y dedicación al cliente presentándole una solución alternativa que sea igual o mejor que lo que busca.

→ **Primero, resuelva las dudas:** antes de empezar a escribir, debe disponer de toda la información necesaria para crear una oferta o presentación que contenga exactamente lo que quiere el cliente.

→ **Despeje las dudas... sin dudarlo:** consulte con el cliente todas las dudas que tenga. Obtendrá información muy valiosa para el proceso.

→ **No se paralice si hay algo que no puede hacer:** intente presentar soluciones alternativas con sus productos o servicios y, si puede, ofrezca una opción mucho mejor.

02

—

Implicar a los expertos

«Si quieres tener éxito,

consulta primero

a tres personas.»

—Proverbio chino

« Dos cabezas piensan mejor que una» es un dicho perfectamente aplicable a la redacción de ofertas y presentaciones. Consulte a los expertos de su empresa para mejorar la calidad del contenido de la oferta: con su ayuda conseguirá presentar la oferta más adecuada para el cliente y podrá estar seguro de que toda la información está actualizada.

Implique a los expertos en la estrategia y la redacción de la oferta o presentación. Asígneles las preguntas más técnicas o todo lo que se escapa a su conocimiento. Delegar es beneficioso para usted: deje las cuestiones difíciles para los expertos. El resultado de este trabajo en equipo se verá reflejado en el documento: el contenido será exactamente lo que busca el cliente.

Algunos ejemplos de las ventajas que aportan los expertos al éxito de la oferta:

Antes de redactar una oferta o presentación. Reúna a un equipo de personas de los principales departamentos de la empresa para definir la estrategia de presentación al cliente. Para ello, seleccione a las personas que verbalicen mejor las ventajas del producto o servicio. Pídales que analicen las necesidades del cliente y encuentren la solución más adecuada.

Ejemplo: su empresa ha recibido una solicitud de propuesta para cambiar una máquina clasificadora. Reúnase con el jefe de producto, y pídale que compare sus clasificadoras con la que tenía hasta ahora el cliente y con la competencia. El experto concluye que la nueva clasificadora RJ4 representaría un ahorro de

1,2 millones de dólares al año para el cliente en comparación con la clasificadora que tenía y más de 450.000 dólares respecto a la competencia. Ya tiene un objetivo concreto sobre el que realizar la oferta. Ahora marcará la diferencia en el concurso.

Durante el proceso de redacción. En lugar de intentar resolverlo todo por su cuenta, delegue las cuestiones que podrían resolver mejor los expertos de su equipo. Normalmente, las personas que están a diario en contacto con el producto o servicio suelen disponer de información más precisa, detallada y adecuada de lo que usted pueda redactar a partir de viejas fuentes de información.

Ejemplo: un cliente está buscando servicios de asesoría para cadenas de suministro y le pide estudios de casos de proyectos similares en los que haya trabajado anteriormente. Una posibilidad es obtener la información de viejos artículos de prensa, y otra, pedirle a su director de proyectos de la cadena de suministro que lea la solicitud de propuesta y aporte algunos ejemplos a partir de su experiencia sobre el terreno. La ventaja del director de proyectos es que proporcionará la respuesta más adecuada a las necesidades del cliente y la reforzará con información concreta y pertinente.

Recuerde: somos cooperativos. Tome nota ahora de qué personas de su equipo pueden verbalizar mejor las características del producto que quiere vender y las razones objetivas (por ejemplo, conocimiento) y subjetivas (por ejemplo, capacidad expresiva). No espere. ¡Empiece ahora!

Producto	Persona	Razones objetivas	Razones subjetivas

Cuando reciba información de sus expertos, en primer lugar compruebe que está relacionada directamente con las necesidades del cliente. A continuación, haga todos los cambios que considere necesarios para que encajen a la perfección con el resto de la oferta o presentación. El cliente le agradecerá que presente la información técnica de forma comprensible.

→ **No trabaje solo:** implique a un equipo de expertos que le ayude a encontrar la mejor solución para el cliente.

→ **Delegue, el resultado será impecable:** asigne las preguntas técnicas a los expertos. Obtendrá un contenido personalizado, fundamentado y perti-nente.

→ **Fusione las partes en un todo:** incorpore las res-puestas de los expertos a su texto para que quede coherente, fácilmente comprensible y orientado a las necesidades del cliente.

03

—

Leer entre líneas

«Lo único realmente valioso
es la intuición.»

—Albert Einstein

El éxito de la venta muchas veces requiere intuición. Muchos clientes prefieren ser misteriosos para recibir ofertas «originales». Utilizan esta táctica para encontrar en las ofertas al proveedor que les comprenda mejor y responda exactamente a sus necesidades. Para crear una estrategia efectiva de venta en estos casos es necesario leer entre líneas, aunque los clientes no sean explícitos: usted debe identificar sus necesidades.

Cuando el cliente escribe una pregunta, espera una respuesta en concreto u obtener cierta información. La finalidad del concurso es comparar las respuestas y decidir cuál es el proveedor mejor cualificado. Para proporcionar la respuesta más completa, no interprete literalmente las preguntas. Identifique qué quiere saber el cliente en realidad y, además de contestar a la pregunta, amplíe información sobre las características y ventajas que usted puede aportarle.

Algunos ejemplos de preguntas habituales y los mensajes que ocultan:

Pregunta: «¿Qué porcentaje de clientes conserva cada año?»

Mensaje oculto: «¿Trata lo suficientemente bien a sus clientes para que vuelvan?»

Pregunta: «¿Puede garantizar que no aumentará precios en un periodo de dos años?»

Mensaje oculto: «Si le elegimos como proveedor, ¿podemos confiar en que no aumentará los precios inmediatamente?»

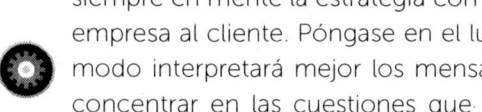

Pregunta: «¿Quiere añadir alguna información a esta oferta?»

Mensaje oculto: «¿Puede presentar soluciones originales, únicas, creativas y estratégicas que le diferencien de la competencia y nos ahorren tiempo y dinero?»

Como creador de la oferta o presentación, debe tener siempre en mente la estrategia con la que quiere vender su empresa al cliente. Póngase en el lugar del cliente: de este modo interpretará mejor los mensajes ocultos y se podrá concentrar en las cuestiones que le harán ganar el concurso.

→ **Ponga en práctica sus conocimientos de psicología:** para vender con éxito es necesario leer entre líneas y diseñar una estrategia que responda a las necesidades, tanto las explícitas como las ocultas.

→ **Busque mensajes ocultos:** una pregunta es más que una pregunta. Identifique la información específica y relevante que el cliente quiere obtener.

→ **Comprenda la estrategia:** imprégnese de la estrategia de venta de su empresa y póngase en el lugar del cliente para crear una oferta o presentación que responda adecuadamente a sus necesidades.

04
—

Tener en cuenta al lector

«El público nunca se equivoca.»

—Billy Wilder, cineasta estadounidense

¿Daría el mismo regalo de cumpleaños a todos los miembros de su familia? Por el mismo motivo, no les puede presentar la misma oferta o presentación a todos los clientes. Cada cliente es único y quiere sentirse así.

Los clientes quieren recibir ofertas y presentaciones escritas para ellos. Valoran el que usted haya dedicado tiempo a comprender sus necesidades específicas y sus preocupaciones y, lo que es más importante, que les ofrezca exactamente lo que están buscando.

Siempre que sea posible, escriba no solo para la empresa a la que se está presentando, sino también para la persona en concreto que tomará la decisión. Averigüe si es una persona muy analítica y que se convence con hechos y datos o si prefiere tomar las decisiones basándose en la buena relación personal con el proveedor. Cubra todas las posibilidades, pero concentre sus esfuerzos en las áreas que pueden influir más en ganar el concurso.

Antes de escribir para el lector, debe **conocerlo**: busque información sobre la empresa y su modo de hacer negocios. Estos son sus deberes. Y, sobre todo, entienda el motivo por el cual acuden a usted para resolver un problema y cómo piensa resolverlo.

Para conocer mejor a sus clientes siga estos pasos:

- **Hable con ellos:** Pregúnteles sobre la empresa, qué hacen y cómo funcionan. Como a la mayoría de gente, a los clientes les suele gustar hablar sobre sí mismos, su trabajo y su empresa. Extraerá mucha información de estas conversaciones y podrá crear la relación que necesita para todo el proceso de venta.

- **Póngase en su piel:** Si conoce el motivo por el cual acude a usted o le pide ayuda, estará en mejor disposición para solucionar sus problemas. Dé una vuelta por la fábrica o hable con otros proveedores para hacerse una idea de la situación, más allá de lo que diga la solicitud de propuesta. Normalmente, la clave para saber qué necesitan es descubrir lo que no dicen.

- **Investigue todo lo que pueda:** Con la gran cantidad de información disponible en Internet, no hay ninguna excusa para no visitar la página web del cliente, imprimir información y tomar algunas notas. Google.com y Hoovers.com son los dos recursos principales para obtener información empresarial.

→ **Escriba para un lector concreto:** cada cliente es único. Adecúe el contenido a él para que se sienta único.

→ **Conozca a su cliente:** obtenga el máximo de información del cliente y la empresa antes de empezar a crear la oferta o presentación.

→ **Investigue:** lea la solicitud de propuesta, navegue por Internet, pregunte y obtenga toda la información que pueda sobre el lector.

05

Concentrarse
en un mensaje

«Un libro es potente

si su mensaje es potente.»

—Herman Melville

Los mensajes de las botellas nunca se sabe si llegan a buenas manos. Para que su mensaje llegue a buen puerto, asegúrese de decir lo que el cliente quiere oír.

Para dirigir la oferta al cliente, identifique uno o dos motivos por los que solicita sus productos o servicios y, a partir de ellos, construya su mensaje. ¿Quiere reducir costes y aumentar la eficacia? ¿Necesita ser más competitivo? ¿Debe cumplir algún requisito? Si sabe qué quiere el cliente de usted, concéntrese en transmitir este mensaje y refuércelo a lo largo de toda la oferta.

Estos son algunos ejemplos:

El cliente quiere un producto más eficaz y menos costoso. Afortunadamente, usted dispone de un producto que responde a las necesidades del cliente. El mensaje de su presentación será algo similar a: **«Nuestro producto duplicará la velocidad de funcionamiento y reducirá el coste a la mitad».** Ofrezca datos exactos y refuerce el mensaje siempre que tenga ocasión.

Su asesoría cuenta con experiencia extraordinaria para mejorar la competitividad del cliente. Sus asesores son los mejor cualificados y ofrecerán un servicio excelente al cliente. El mensaje de su presentación sería: **«Está hablando con la persona adecuada. Nuestra empresa es la mejor opción, disponemos de los mejores asesores en competitividad y con experiencia demostrable».** De nuevo, sea concreto y ofrezca información relevante para el cliente.

Una nueva normativa exige al cliente que disponga de un seguro de responsabilidad civil que usted comercializa antes de finales de año. Aunque los clientes acuden a usted por requisitos legales, no necesariamente porque quieran, también es una buena oportunidad para demostrar que es mejor que la competencia. Respóndale al cliente que tiene el producto que necesita para cumplir la normativa y explíquele todas las ventajas adicionales. La base de su presentación sería: «Sí, tenemos lo que necesita, y también lo que ni siquiera sabe que necesita».

En una solicitud de propuesta o cualquier proceso de selección se plantean muchas preguntas, y a través de sus respuestas el cliente quiere encontrar la mejor opción. Encuentre su mensaje y responda a todas las preguntas siguiendo este hilo conductor. Relacione todas las respuestas con su mensaje. A medida que desarrolle el argumento, aporte pruebas y destaque las ventajas: los clientes irán quedando convencidos.

→ **Encuentre el argumento de su presentación:** identifique lo que los clientes esperan oír y céntrese en ese mensaje a lo largo de toda la oferta o presentación.

→ **Sea concreto:** adecúe su presentación para que responda exactamente a las necesidades del cliente y demuestre todo lo que afirme.

→ **Refuerce el mensaje:** responda a todas las preguntas del cliente con su mensaje en mente para destacar todas las ventajas.

06

Aprovechar las preguntas para realzar las ventajas

«No podemos elegir el marco
de nuestro destino,
pero podemos elegir qué
ponemos en él.»

—Dag Hammarskjöld, político sueco

La clave está en no limitarse a responder estrictamente las preguntas. Debe aprovechar la oportunidad para exponer todas las ventajas, además de responder exactamente a lo que necesita el cliente, presente sus puntos fuertes y cualificaciones únicas que le diferencian de la competencia. A partir de las preguntas del cliente, muestre todas las ventajas que le ofrece y destaque todo aquello que diferencie a su empresa.

Proporcione toda la información que le solicitan y aproveche la respuesta para explicar sus puntos fuertes y las ventajas para el cliente. Minimice los puntos débiles. Las respuestas directas le demuestran al cliente que comprende sus necesidades y es capaz de ofrecerle el mejor producto o servicio.

Las siguientes respuestas ilustran la diferencia entre «respuesta breve» y «explicación» para distinguirle de la competencia:

Pregunta: «¿Qué porcentaje de clientes conserva cada año?»

Respuesta breve: «Conservamos el 98% de los clientes cada año.»

Explicación: «Nuestro índice de retención de clientes es uno de los más elevados de nuestro sector, un 98%, y nuestra dedicación a los clientes ha sido premiada con el galardón J. D. Powers & Associates Award en la categoría de Atención al cliente excelente.»

Pregunta: «¿Todos sus productos cumplen las normativas de seguridad aplicables?»

Respuesta breve: «Sí, toda nuestra línea de productos cumple las normativas de seguridad aplicables.»

Explicación: «Sí, nuestros productos cumplen perfectamente todas las normativas de seguridad aplicables. Los dos productos que responden mejor a sus necesidades se encuentran entre los más seguros del mercado, según demuestran los resultados de los informes de riesgos de seguridad realizados por más de diez mil, usuarios durante un periodo de cinco años.»

Pregunta: «¿Puede garantizar que no aumentará los precios en un periodo de dos años?»

Respuesta breve: «Sí, garantizamos que nuestros precios no subirán en un periodo de dos años.»

Explicación: «Ofrecemos una garantía de estabilidad de precios durante dos años, con un historial de cinco años con precios invariables. Gracias a las relaciones duraderas y estables con nuestros proveedores disponemos de importantes descuentos que podemos aplicar en beneficio de nuestros clientes en forma de precios constantemente bajos.»

Recuerde que los clientes tienen delante varios candidatos con cualificaciones similares en una misma oferta y que no elegirán al que simplemente «responda a sus necesidades», sino al que demuestre de forma fiable que es superior al resto.

→ **Aproveche la oportunidad:** demuestre todas sus ventajas en cuanto tenga oportunidad, y destaque sus puntos fuertes en las respuestas.

→ **No se quede en una «respuesta breve»:** responda directamente a las preguntas de los clientes y añada información que demuestre las ventajas extraordinarias que le diferencian de la competencia.

→ **Supere sus expectativas:** para ganar el concurso, debe demostrar que su empresa «supera las expectativas» del cliente: no es suficiente con «responder a las necesidades».

En los ejemplos anteriores hemos podido ilustrar la diferencia entre «respuesta breve» y «explicación», lo cual puede ser un elemento fundamental para distinguirle de la competencia. Recuerde: Proporcione toda la información que le solicitan y aproveche la respuesta para explicar sus puntos fuertes y, al mismo tiempo, minimice los puntos débiles.

Y ahora aproveche los recuadros de la página siguiente para practicar las diferencias entre los dos tipos de respuesta. Imagine una pregunta y desarrolle las dos posibles respuestas.

Pregunta:

Respuesta breve:

Explicación:

Pregunta:

Respuesta breve:

Explicación:

07

Demostrar
las cualificaciones

«Nosotros nos juzgamos por lo que creemos que somos capaces de hacer, pero los otros nos juzgan por lo que hemos hecho.»

—Henry Wadsworth Longfellow,
poeta estadounidense

Las frases imprecisas no logran que un cliente decida contratarle como nuevo proveedor e invertir dinero en usted. Los clientes quieren una descripción detallada de su experiencia y una lista de cualificaciones. Huya de afirmaciones generales y demuestre toda la información que pone sobre la mesa.

Los clientes quieren estar convencidos de que usted es la mejor opción. Puede decirles que es la mejor opción o *demostrarles* que es la mejor opción. Cuando redacte la oferta o presentación, imagínese que sus clientes están dudando y necesita convencerles de todas y cada una de las afirmaciones que escribe, detalle la experiencia y las cualificaciones.

Evite las frases generales y conviértalas en convincentes:

Frase imprecisa: «Hemos realizado proyectos similares con gran éxito.»

- -

Frase convincente: «Hace más de diez años que proporcionamos con éxito soluciones de gestión de cadena de suministro a la empresa ABC. La reducción de costes y la mejora de la eficacia logrados en ABC demuestran que podemos aplicar nuestra experiencia y conocimiento técnico en beneficio de su empresa.»

Frase imprecisa: «En nuestra empresa, la atención al cliente es lo más importante.»

- -

> **Frase convincente**: «Para clientes como ABC, hemos demostrado nuestra dedicación a la atención al cliente con garantías de reembolso, sustituciones de piezas en un día y un departamento de atención al cliente disponible las veinticuatro horas.»

> **Frase imprecisa**: «Nuestra situación financiera es estable.»
>
> **Frase convincente**: «Desde nuestros inicios hace doce años, los bancos y las empresas de calificación independientes certifican todos los años que nuestra estabilidad financiera es una de las mejores del sector. Adjuntamos una copia de nuestro informe anual en el apéndice.»

 Explíquele al cliente la importancia de la información que proporciona. En concreto, explíquele todas las ventajas de su producto o servicio y vincúlelas a sus necesidades. Describa el funcionamiento de su empresa y los motivos por los cuales el cliente debería elegirla. Así redactará una oferta convincente.

→ **Los clientes no quieren frases imprecisas:** describa detalladamente su experiencia y sus cualificaciones.

→ **No diga, demuestre:** aproveche cualquier ocasión para demostrar que su experiencia ya ha beneficiado a otros clientes.

→ **Convenza con hechos:** los ejemplos concretos y las pruebas de su experiencia y cualificaciones son muy eficaces.

08

Destacar la experiencia en el sector

«La experiencia pasada, si no se olvida, es una guía para el futuro.»

—Proverbio chino

La experiencia práctica inclinará la balanza a su favor. Para demostrar su talento y experiencia en el sector, incluya en la oferta o presentación estudios de casos que demuestren todas sus competencias. Los estudios de casos son proyectos que ha llevado a cabo con éxito y sirven de ejemplo de su trabajo en la vida diaria. A los clientes les interesa mucho esta información porque a través de ellos se hacen una idea de su forma de trabajar.

Debería encontrar tiempo para documentar su trabajo y disponer de varios estudios de caso para cada ocasión. Si al leer esta frase se ha quedado sin habla o el corazón le ha dado un vuelco, no se asuste. Los casos de estudio habituales no son siempre la información más adecuada. Lo más adecuado es detallar su experiencia en el sector y relacionarla de forma oportuna con cada cliente.

Siga estas indicaciones para presentar ejemplos atractivos para los clientes:

1. **Identifique qué busca el cliente.** Lea detenidamente la solicitud de propuesta, hable con el cliente, intuya qué información puede convencerle y cierre el acuerdo.

2. **Consulte a los expertos de su empresa.** Hable con las personas que están especializadas en proyectos adecuados para el cliente. Pídales que lean la solicitud de propuesta y presenten algunos ejemplos de trabajos que hayan realizado para clientes similares.

3. **Busque similitudes.** Ilustre con ejemplos de anteriores trabajos todo lo que le ofrece al cliente.

Ejemplo: «Para nuestro cliente ABC, diseñamos una solución única que duplicó la capacidad de facturación y redujo los costes en más de 250.000 dólares. Podríamos implementar una solución similar en su empresa y lograr resultados comparables. Gracias a nuestros asesores expertos en el sector, mejoraríamos la eficacia de manera significativa.»

Del mismo modo que adecúa un currículum para solicitar un empleo en concreto, asegúrese de que los estudios de caso están redactados teniendo en cuenta las particularidades del cliente. Detalle toda su experiencia en el sector y los motivos que le distinguen como mejor opción.

→ **Utilice ejemplos reales:** reflejan de forma fácil y rápida su trabajo y el cliente puede imaginarle ya en el puesto.

→ **Presente ejemplos relevantes:** identifique las necesidades del cliente y con la ayuda de los expertos de su empresa preséntele ejemplos relevantes de su trabajo.

→ **Busque similitudes entre el pasado y el futuro:** haga paralelismos entre experiencias pasadas y el éxito que puede alcanzar al trabajar con el cliente.

09

—

Justificar afirmaciones contundentes

«Bien hecho es mejor
que bien dicho.»

—Benjamin Franklin

¿Ha comido en restaurantes donde afirman tener «la mejor hamburguesa del mundo»? Probablemente, al salir del restaurante pensó que: «La hamburguesa estaba bien, pero no diría que es la mejor del mundo» o: «¡Qué decepción! He probado hamburguesas mejores.»

Si detrás de una afirmación contundente, hay hechos que la justifican, adelante. Si realmente su producto es «el mejor del mundo» en algo, evidentemente debe decírselo a los clientes y demostrarlo. Pero si no son más que palabras vacías y no hay nada que lo demuestre, absténgase de afirmarlo.

La mejor forma de convencer al cliente es aportar datos imparciales. ¿Dispone de reseñas o clasificaciones realizadas por agencias o medios de comunicación? ¿Los informes de las autoridades del sector arrojan buenas puntuaciones? Es más probable que los clientes se fíen de las opiniones de otras empresas que de la suya. Por eso es importante combinar la información externa con la interna para justificar sus afirmaciones.

Estas necesitan complementarse para ser creíbles:

Afirmación: «Somos el mayor distribuidor independiente de componentes de los Estados Unidos.»

Refuerzo: clasificaciones de ventas del sector, artículos en medios de comunicación que reflejen su posición en el mercado, notas de prensa e información financiera de la empresa.

Afirmación: «Nuestro producto es el más rápido y fiable del sector.»

> **Refuerzo:** clasificaciones y reseñas independientes de los productos; declaraciones de clientes satisfechos y registros de mantenimiento.

> **Afirmación:** «Los asesores de XYZ son los mejores expertos del sector en cambios organizativos.»
>
> **Refuerzo:** artículos publicados, escritos por los mismos asesores o sobre ellos, artículos relacionados con el sector del cliente; currículos, estudios de caso y, declaraciones de clientes.

Toda la documentación que fundamente sus afirmaciones debe ser de fácil acceso. Busque cualquier comentario positivo sobre su empresa, producto o servicio en los medios de comunicación y en las publicaciones del sector. Esta información independiente aporta credibilidad a su experiencia y cualificaciones. Sus afirmaciones contundentes serán mucho más valiosas para los clientes si usted no es la única persona que las afirma.

→ **Demuéstrelo:** las afirmaciones contundentes diferencian a su empresa de la competencia, pero si no las justifica transmitirán desconfianza al cliente.

→ **Busque opiniones externas:** la información de fuentes externas e imparciales demuestra a los clientes que usted no es el único que piensa que es el mejor.

→ **Almacene información sobre su empresa:** cree un archivo de información interna y externa sobre su empresa que refleje sus logros y manténgala actualizada.

10

—

Reforzar con recomendaciones

«Puede que sea grande,
atractivo y muy efectivo, pero
estaba pintado con el mismo
sentimiento que un coche
nuevo.»

—James Rosenquist

Una de las cosas más frustrantes en el mundo de los negocios, igual que en la vida, es que es imposible prever el futuro. Si pudiéramos, nos haríamos ricos invirtiendo en la Bolsa y los clientes sabrían que su empresa es la mejor opción sin ni siquiera leer la oferta o presentación. A falta de bola de cristal, **el pasado puede guiar nuestro futuro**. A los clientes les interesa saber que dispone de una larga lista de clientes satisfechos, con experiencias positivas, que le recomiendan.

Las recomendaciones y declaraciones de los clientes son un buen modo de mostrar al cliente que él puede ser el siguiente afortunado en disfrutar de su excelente producto o servicio. Busque entre sus clientes empresas del mismo sector que hayan logrado resultados similares a lo que el cliente busca. Pídales a sus mejores clientes, si tienen relación con el nuevo cliente o con su empresa, si estarían dispuestos a hacerle una recomendación positiva.

Existen varias posibilidades para recomendar su producto o servicio. Combine las diferentes opciones para introducirlas o bien en el contenido de la oferta o presentación, o bien en el proceso final de toma de decisión.

Declaraciones de clientes satisfechos: utilícelas para destacar sus puntos fuertes y los éxitos conseguidos. Lo ideal sería que los clientes escribieran sus opiniones, aunque es probable que le pidan a usted que las escriba y ellos le den el visto bueno. Las opiniones de clientes actuales aumentan enormemente la credibilidad a su oferta.

Referencias: la mayoría de las solicitudes de oferta piden referencias. Es importante prever que el futuro cliente querrá hablar directamente con sus principales clientes y que a estos no les sobra tiempo para hablar con sus futuros clientes. Antes de añadir a un cliente a la lista de referencias, consúltelo primero con él e infórmele sobre el cliente que puede llamar. La mejor referencia es un cliente satisfecho que está sobre aviso.

Del mismo modo que las buenas referencias pueden sellar un acuerdo, las malas referencias pueden arruinarlo. Recuerde el dicho: «Si no puedes decir nada bueno, mejor no digas nada». Es una regla de oro en las recomendaciones. Si le cuesta encontrar clientes dispuestos a explicar experiencias positivas, mejor busque otra manera de reforzar sus ventajas.

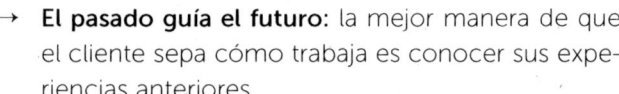

→ **El pasado guía el futuro:** la mejor manera de que el cliente sepa cómo trabaja es conocer sus experiencias anteriores.

→ **Apueste por las recomendaciones:** incluya declaraciones de clientes y referencias en su oferta para dar credibilidad a sus puntos fuertes y casos de éxitos.

→ **Solicite permiso, no perdón:** antes de incluir sus nombres como referencia o sus declaraciones, solicíteles permiso y asegúrese de que transmiten buenas experiencias al cliente.

11

—

Mostrar las ventajas para el cliente

«Quienes identifican las
oportunidades
son realmente excepcionales.»

—Proverbio chino

Una oferta o presentación convincente no debe centrarse en usted, sino en el cliente. En lugar de describir su trabajo con todo detalle, muéstrele todas las ventajas de su producto o servicio. El cliente no quiere conocer sus capacidades sino saber en qué puede beneficiarle trabajar con usted.

Infórmese sobre la empresa del cliente e **identifique** las necesidades a las que su producto o servicio responde. Demuestre que comprende al cliente con ejemplos personalizados que resuelvan sus problemas. No se limite a presentar una descripción de sus productos o servicios: dedique un tiempo a ajustar la oferta o presentación a lo más importante para el cliente.

Estos son algunos ejemplos:

Genérico: «Nuestra máquina clasificadora es la mejor del sector en unidades por minuto, reduce costes y tiempo de comercialización.»

- -

Orientado al cliente: «Nuestra máquina clasificadora es la más rápida del mercado. Duplicará su producción de componentes en la planta de Singapur y reducirá prácticamente a la mitad sus costes actuales de 50 millones de dólares.»

Genérico: «Nuestros asesores disponen de un amplio conocimiento del sector y experiencia concreta en las actividades de los clientes.»

- -

> **Orientado al cliente**: «Nuestros expertos en cadena de suministro cuentan con más de veinte años de experiencia en el sector minorista. Con su experiencia en la empresa ABC y sus proveedores, identificarán las estrategias necesarias para lograr su objetivo de aumentar la eficacia de producción en el cuarto trimestre de 2006.»

Redacte la oferta o presentación desde el punto de vista del cliente. Póngase en su lugar y plantéese las siguientes preguntas:

- Las características o ventajas que describo ¿responden a una necesidad específica del cliente?

- La terminología y el estilo de la oferta o presentación ¿se corresponden con los que utiliza habitualmente el cliente y demuestran un profundo conocimiento de su negocio?

- Las descripciones de productos o servicios ¿se ajustan directamente a lo que busca el cliente o hay información superflua que no refuerza la decisión del cliente?

Encuentre ventajas para el cliente que no sean evidentes. Por ejemplo, si un cliente solicita una oferta para una serie de folletos y su empresa dispone de tecnología multimedia que podría complementar el diseño del folleto, demuéstrele el impacto visual que podría tener en la próxima exposición.

Aproveche la oportunidad para ofrecerle al cliente una solución completa, que destaque las ventajas de tener un mismo mensaje en varios formatos y el ahorro de costes y tiempo que implica trabajar con un único proveedor. La venta añadida orientada al cliente es un buen modo de explorar nuevas oportunidades de negocio y demostrar valor añadido.

→ **Las ofertas convincentes son más que una descripción de su trabajo:** explique las ventajas que puede ofrecer al cliente para diferenciar su oferta.

→ **Adapte la oferta a las necesidades del cliente:** conozca el negocio del cliente y asegúrese de que todas las características y ventajas resuelven directamente un problema o responden a una necesidad.

→ **Escriba desde el punto de vista del cliente:** escriba la oferta o presentación desde la perspectiva del cliente, con información personalizada, convincente y relevante para el proceso de la toma de decisión.

 Realice ahora un ejercicio práctico. Redacte una oferta o presentación genérica y luego trate de ajustarla todavía más al punto de vista del cliente. Póngase en su lugar y tenga en cuenta los elementos que hemos destacado en este capítulo: necesidades del cliente, su vocabulario y ajuste de la información de lo solicitado.

PRIMERA PROPUESTA

PROPUESTA AJUSTADA AL CLIENTE

12

—

Diferenciarse con cualificaciones únicas

«Todo lo perfecto en su especie debe sobrepasar su propia especie, debe convertirse en algo diferente e incomparable.»

—Johann Wolfgang von Goethe

Recuerde las camisetas con la frase: «¿Por qué ser normal?» Es lo que debería preguntarse antes de redactar una oferta o presentación. Uno de los motivos por los que un cliente elige a otro proveedor es que no hay nada que le diferencie del resto de empresas. Si quiere ganar un concurso, no intente ser como los demás. Busque algo que le haga único y destaque por encima de la competencia.

Encontrar los elementos que diferencien a su empresa suele ser un trabajo minucioso. Primero, eche un vistazo al cliente y a la competencia. Del mismo modo que cada persona ha tenido experiencias diferentes en la vida, su empresa ha pasado por un recorrido único que puede compartir.

Es posible que algunos de sus empleados hayan trabajado antes para la empresa del cliente y le puedan proporcionar información de gran ayuda para la oferta. Tal vez, entre sus clientes actuales se encuentran varias empresas relacionadas con el sector del cliente. Busque algo en que su empresa sea única y refléjelo en la oferta o presentación, explíqueselo al cliente, a menudo.

Por ejemplo:

El cliente busca: una empresa con experiencia y estabilidad financiera.

- -

La competencia afirma: «Contamos con veinticinco años de experiencia en el sector y unas ventas anuales de 100 millones de dólares.»

> **Su empresa es única porque:** Hace más de veinte años que trabaja en el sector y cuenta con una larga lista de clientes satisfechos que trabajan con usted desde hace más de quince años. Ha obtenido la mejor calificación financiera del sector cada año y la rentabilidad estable le permite reinvertir en la empresa para seguir ofreciendo novedades o productos y servicios mejores a sus clientes.

Convincente, ¿no? A los clientes también les convencerá. Investigue hasta encontrar algo que diferencie a su empresa de la competencia y asegúrese de que los datos son relevantes y convincentes para el cliente. No se limite a ser «normal» si puede presentarse como único o excepcional, mejor que la competencia.

→ **Diferénciese:** no se mezcle con la multitud. Proporcione a sus clientes un motivo para elegirle a usted en lugar de a la competencia.

→ **Investigue en profundidad:** analice a su cliente y a la competencia, y luego analice su empresa. Identifique en qué destaca y explíquelo con detalle en la oferta o presentación.

→ **Convenza pensando en el cliente:** destaque sus diferencias y utilice contenido convincente e importante para el cliente.

13

—

Aprovechar lo mejor de ofertas anteriores

«La única función que una
experiencia puede
representar es la de conducir
a otra experiencia.»

—William James, filósofo estadounidense

El tiempo es oro en el momento de escribir una oferta. ¿Por qué empezar de cero? La mejor opción es empezar a partir de una plantilla creada con ofertas presentadas anteriormente.

Prepare una carpeta en el ordenador con toda la información que le pueda ser útil para las ofertas o presentaciones. Es muy recomendable extraer el contenido que suele repetirse en prácticamente todas las solicitudes de oferta: información como la historia de su empresa, los resultados financieros, los currículos de los trabajadores, o estudios de caso adecuados para cualquier situación... Recuerde seleccionar solo la información relacionada directamente con el cliente a quien le presentará la oferta.

Es muy importante adecuar la oferta al cliente, ajustarla a sus necesidades únicas y reforzar siempre el mensaje central que plantea al cliente. Cuando seleccione el contenido de las ofertas anteriores, piense en todo momento en el cliente a quien dirige la oferta actual. Aunque haya leído la oferta miles de veces, léala otra vez y analice el estilo para intentar adecuarlo y convencer al cliente de su argumento central. Extraer contenido de las ofertas que han ganado concursos no significa que la oferta actual también lo vaya a ganar.

En algunas ocasiones puede ser adecuado presentar al cliente una oferta con contenido estándar, por ejemplo si el cliente solo busca información general sobre su empresa o si coinciden en el tiempo dos ofertas y usted prioriza la solicitud de propuesta más rentable para su empresa. De todos modos, siempre es recomendable personalizar parte de la oferta, aunque solo sea la carta de presentación, el resumen ejecutivo y las experiencias de clientes o referencias.

El principal peligro de extraer contenido para una nueva oferta es que la información quede demasiado genérica o incluya información que no sea relevante para el cliente. O lo peor de todo, que a casi todo el mundo le ha pasado, enviar una oferta ¡con el nombre de otro cliente! El único modo de evitar estos incidentes es leer la oferta, palabra por palabra, antes de enviarla. Si comprueba que el contenido es adecuado y está personalizado para el cliente, aumentará sus posibilidades de ganar el concurso.

→ **No parta de cero:** utilice contenido de ofertas presentadas anteriormente para crear un fondo de información útil para crear nuevas ofertas y presentaciones.

→ **Diferentes ofertas para diferentes clientes:** el grado de personalización del contenido estándar depende de la situación, pero siempre debe personalizar como mínimo un aspecto de la oferta.

→ **Lea la oferta palabra por palabra:** tenga presente que aprovechar contenido de otras ofertas puede provocar situaciones incómodas. Lea la oferta con detenimiento y compruebe que el contenido que era válido para la oferta anterior sigue siendo convincente en la oferta actual.

Antes de pasar a la segunda parte del libro, le propongo hacer un pequeño trabajo de rememoración. En estas dos páginas que siguen intente anotar las palabras clave que resuman aquellas ideas o consejos que le han llamado más la atención en la lectura de estos capítulos. El título de cada uno de ellos le servirá ahora para refrescar la memoria y situarse. Con este ejercicio, seguramente, descubrirá todo aquello que le ha llamado más la atención y que le puede ser de mayor utilidad.

Despejar todas las dudas (p. 13)

_____

_____

_____

_____

Implicar a los expertos (p. 17)

_____

_____

_____

_____

Leer entre líneas (p. 23)

_____

_____

_____

_____

Tener en cuenta al lector (p. 27)

_____

_____

_____

_____

Concentrarse en un mensaje (p. 31)

_____

_____

_____

_____

Aprovechar las preguntas para realzar las ventajas (p. 35)

_____

_____

_____

_____

Demostrar las cualificaciones (p. 41)

_____

_____

_____

_____

Destacar la experiencia en el sector (p. 45)

_____

_____

_____

_____

Justificar afirmaciones contundentes (p. 49)

_____

_____

_____

_____

Reforzar con recomendaciones (p. 53)

_____

_____

_____

_____

Mostrar las ventajas para el cliente (p. 57)

_____

_____

_____

_____

Diferenciarse con cualificaciones únicas (p. 63)

_____

_____

_____

_____

Aprovechar lo mejor de ofertas anteriores (p. 67)

_____

_____

_____

_____

Parte 2

Presentar un texto claro, preciso y bien organizado

«Cuesta tiempo convencer
a alguien de hacer algo,
incluso si es por su propio bien.»

—Thomas Jefferson

14

—

Organizar el material exactamente como el cliente

«En el mundo de los negocios,
consigues lo que quieres
cuando les das lo que quieren.»

—Alice Foote MacDougall,
empresaria estadounidense

Lo que puede parecerle perfectamente lógico a usted, puede ser, como diría Spock en *Star Trek,* «Lógicamente... ilógico» para el cliente. Cuando uno se acostumbra a tener las cosas con un cierto orden, no es agradable que venga otra persona y las cambie de sitio. Así es como se sienten los clientes cuando reciben una oferta que no sigue su formato. Lo más recomendable es estructurar las respuestas en el mismo orden que ha planteado las preguntas el cliente.

La mayoría de solicitudes de oferta distribuyen la información del mismo modo: en primer lugar, preguntas generales, como la historia de la empresa y una descripción general, y a continuación las preguntas más detalladas. La oferta económica suele dejarse para el final. Las ofertas de empresas públicas son más estrictas en cuanto a los requisitos de organización de la información, siga siempre las instrucciones.

Si no se especifica el formato, organice la oferta siguiendo unas directrices generales. Los principales elementos son los siguientes:

1. **Carta de presentación:** es importante en prácticamente todas las situaciones, sobre todo si la oferta se le envía al cliente. La carta debe ser breve, con un par de párrafos en los que destaque los puntos clave de la oferta.

2. **Resumen ejecutivo:** el resumen ejecutivo proporciona al cliente una visión general de la oferta, normalmente no ocupa más de dos páginas. El resumen ejecutivo es muy importante para ganar el concurso: a veces es lo único que se lee el cliente. Asegúrese de que está escrito pensando en el cliente y que destaca la información más importante para él.

3. **Cuerpo de la oferta:** la mayoría de las ofertas empiezan con la descripción de la empresa, siguen con la descripción de los

productos y servicios y concluyen con las ventajas de la empresa. Es mucho mejor empezar con las ventajas para el cliente y dejar el resto de información para el final de la oferta o el apéndice.

4. **Oferta económica:** es mejor dejar los precios para el final, aunque algunos clientes empiecen por esta sección. A usted le interesa vender la empresa al cliente antes de concretar la oferta económica.

Aunque haya información que no quede organizada como quisiera, al menos debe asegurarse de que cada sección o respuesta contiene la información adecuada. Como si fuera un periodista que resume los datos clave en el primer párrafo, presente los argumentos más convincentes en primer lugar.

→ **Siga las instrucciones:** si el cliente le pide que presente la información siguiendo un orden concreto, organice su respuesta siguiendo sus indicaciones.

→ **Empresa primero y oferta económica al final:** si puede elegir, es recomendable empezar con el resumen ejecutivo y dejar los precios para el final.

→ **Lo más importante primero:** destaque los argumentos de venta principales al principio de cada sección o respuesta. No haga leer mucho al cliente para saber qué le ofrece.

15

Utilizar títulos y subtítulos

«No agonice, organice.»

—Florynce R. Kennedy

Es muy probable que su periódico habitual haya cambiado su aspecto visual en los últimos años. Seguramente ahora tiene más títulos y subtítulos, información lateral y leyendas. Son cambios que mejoran la legibilidad. Ya no queda paciencia para leer largos bloques de texto negro sobre blanco: ahora la lectura es más dinámica.

Aprenda de los expertos en periodismo y utilice muchos títulos y subtítulos en sus ofertas y presentaciones. Le presentará la información de forma clara al cliente y, como en una página web, podrá encontrar fácilmente la información que le interesa.

En los títulos y subtítulos puede destacar los puntos clave y, si les añade un toque singular, quedarán en la memoria del cliente. Evite los títulos obvios. Sea creativo y resuma el contenido en el título.

A continuación, un ejemplo de un buen título y subtítulo en una oferta o presentación:

Títulos obvios:

- ○ Historia de la empresa
- ○ Histórico
- ○ Número de empleados
- ○ Resultados financieros

Títulos creativos:

- ○ Una historia de proyectos de éxito y clientes satisfechos tras treinta y ocho años de experiencia en el sector
- ○ Empleados entregados a la atención al cliente
- ○ Reinvertimos los beneficios para mejorar continuamente

Utilice estos mismos títulos y subtítulos en las diapositivas de las presentaciones. Siga estas indicaciones también en los nombres de los archivos y la información adicional. Los títulos deben reflejar no solo lo que son sino también por qué es importante para el cliente. Aproveche la oportunidad para mejorar la eficacia de sus mensajes clave y la legibilidad de la oferta o el formato de la presentación.

→ **Resuma en títulos:** escriba pensando en la legibilidad. Utilice títulos y subtítulos para que los clientes no tengan que leer párrafos infinitos.

→ **Facilite la búsqueda de información:** destaque la información más importante en los títulos y subtítulos para que el cliente la localice fácilmente.

→ **Lo obvio se olvida:** los títulos y subtítulos con información interesante impactan más que los títulos obvios. Destaque sus puntos fuertes en los títulos.

16

Responder a todas las preguntas

«Cada pregunta que
respondemos nos conduce
a otra pregunta.»

—Desmond Morris, antropólogo británico

En las ofertas, es importante no limitarse a responder la primera pregunta. Es vital responder tanto la pregunta principal como todas las otras preguntas que vengan después. Las solicitudes de oferta suelen contener una larga lista de preguntas. Si se limita a responder la primera de cada serie, el cliente llegará a la conclusión que le falta información y usted habrá perdido la oportunidad de presentar sus argumentos de venta.

Con leer el encabezado de la sección y copiar el contenido estándar no es suficiente. Tiene que redactar una respuesta para cada pregunta. Evite repetir la información, e incluya siempre nuevos datos o un enfoque diferente dependiendo de cómo esté planteada la pregunta.

Un ejemplo de lo que debe evitar es:

Pregunta: Describa la historia de su empresa
a. Filosofía corporativa
b. Estadísticas de trabajadores
c. Estabilidad financiera

Respuesta insuficiente: Nuestra empresa fue fundada en 1971 como una asociación entre nuestro actual presidente y el director de finanzas. Actualmente, la empresa ha crecido y contamos con 258 trabajadores y una facturación anual superior a los 58 millones de dólares.

En la respuesta anterior se pierden muchas oportunidades de venta. Además no responde de forma completa las preguntas. A tenor del enunciado, se diría que el cliente quiere conocer a fondo la empresa, no solo su historia.

¿Le ha explicado que la filosofía de la empresa ayuda a mejorar la poca rotación de trabajadores y a obtener un elevado nivel de clientes satisfechos? ¿Ha mencionado que su empresa es la que cuenta con más experiencia y rentabilidad estable del sector? ¿Sabe el cliente que por todos estos motivos su empresa es la mejor opción para este concurso?

Es cierto que copiar y pegar una respuesta estándar en preguntas que parecen generales ahorra tiempo, pero es mucho más útil, tanto para usted como para el cliente, responder a todas las preguntas de la solicitud de propuesta. Recuerde presentar las ventajas de su empresa y describir sus productos o servicios en las respuestas.

→ **No se limite a responder a una pregunta:** responda a todas y cada una de las preguntas, aunque sean generales. Intente darles un nuevo enfoque sin repetirse demasiado.

→ **Evite las respuestas estándar:** las respuestas estándar no le proporcionan al cliente la información que busca de su empresa. Personalice las respuestas.

→ **Aproveche cualquier oportunidad para venderse:** en todas las respuestas puede encontrar la oportunidad para destacar un producto o servicio nuevo y mostrarle las ventajas para el cliente.

17

—

Repetir siempre que sea necesario

«Repetir afirmaciones nos
lleva a creer.»

—Muhammad Alí

Algunas solicitudes de oferta parecen un puzle que no encaja; unas secciones no tienen ninguna relación con las otras y otras secciones parecen idénticas. Suelen ser solicitudes de oferta creadas por varios departamentos dentro de una empresa, con responsables diferentes para cada sección. En este caso, es habitual que cada departamento lea solo la respuesta de su sección.

Cuando redacte la oferta, piense que nadie la leerá de principio a fin. Si aparece la misma pregunta de manera recurrente, debe responderla cada vez.

He aquí algunos trucos para mantener el contenido de una sección a otra:

1. **No tenga miedo de repetirse:** el cliente apreciará que haya dedicado tiempo a responder todas las preguntas de la oferta, aunque a usted le parezca que se está repitiendo. Si se limita a un escueto «ver tal» o «consultar tal», el cliente se perderá buscando información por la oferta que usted podría haber incluido fácilmente.

2. **No se exceda:** si la respuesta es larga y tiene que repetirla una y otra vez, escriba la respuesta completa la primera vez o en el lugar más adecuado y, en las preguntas repetidas, resúmala y ofrézcale la opción al cliente de leer la respuesta completa en un lugar concreto de la presentación.

3. **Utilice siempre los mismos términos:** sea consistente a lo largo de toda la oferta y evite confundir a los clientes con cambios de términos o nombres. Por ejemplo, si se ha referido a su servicio como «ServiExpres» no se refiera al mismo servi-

cio en otro punto de la oferta como «Servicio Exprés». La repetición de términos mejora la claridad del contenido y su objetivo es facilitarle la lectura al cliente. Puede utilizar abreviaciones siempre que las desarrolle al principio de cada sección con la abreviatura entre paréntesis.

Si la oferta o presentación produce confusión en el cliente o a este le cuesta encontrar lo que quiere, no se sentirá satisfecho con su oferta. Para logar una impresión positiva, presente una oferta completa con toda la información que necesita el cliente, aunque tenga que repetirse.

→ **Ofertas por partes:** es habitual que los clientes distribuyan las secciones de la oferta entre varios departamentos de la empresa. Tenga presente que nadie leerá la oferta de principio a fin.

→ **No remita, repita:** no pierda al cliente buscando información por la oferta. Repita la respuesta si el cliente repite la pregunta.

→ **Evite cambiar de término:** utilice siempre la misma terminología a lo largo de toda la oferta para no confundir al cliente con múltiples nombres.

18

—

Aportarlo en el apéndice

«El final corona el trabajo.»

—Reina Isabel I de Inglaterra

¿Ha leído alguna vez un artículo en Internet y se ha encontrado con el botón de «leer más» al final? En ese punto, o bien está satisfecho porque ha leído la información principal del artículo, o bien le interesa y quiere buscar más información. Utilice este mismo concepto en las ofertas: en el cuerpo del documento, toda la información que el cliente necesita, y en el apéndice, toda la documentación adicional para los clientes que quieran «leer más».

Es cierto que los clientes aprecian las ofertas que son claras y concisas, pero nunca se sabe si hay algún aspecto en concreto que le interesa más al cliente. Lo más recomendable es plantear todos los argumentos de venta y ampliar las cuestiones que puedan ser más interesantes para el cliente con documentación adicional en el apéndice.

La documentación habitual de los apéndices es:

- Gráficos y hojas de cálculo
- Listas de clientes y referencias
- Noticias y notas de prensa
- Currículum vítae de empleados
- Estudios de caso
- Informes anuales

No añada a la oferta elementos gráficos, listas ni resúmenes.

Son elementos importantes que es mejor introducir como un sutil complemento del texto. Si quiere incluir un gráfico que ocupa toda una página o la biografía detallada de ocho trabajadores, es preferible para el lector que resuma la información en el cuerpo de la oferta y deje la información completa para el apéndice.

Recuerde hacer referencia a los documentos del apéndice en el cuerpo de la oferta. Por ejemplo, en la pregunta: «¿Cuál es la rotación anual de personal?», puede responder: «La rotación anual es de un 5%, un índice extraordinariamente bajo en nuestro sector, lo que refleja nuestro compromiso con la satisfacción de los trabajadores. Encontrará más información en el artículo 'La empresa XYZ comprometida con sus trabajadores' del apéndice, publicado recientemente en *BusinessWeek*.»

→ **Información para que el cliente «lea más»:** plantee los principales argumentos de venta en el cuerpo de la oferta y añada en el apéndice información adicional para los clientes que quieran saber más.

→ **En el apéndice:** los documentos detallados y los informes largos como estudios de caso o resultados anuales son información importante que debe incluir en el apéndice.

→ **Haga referencia a los documentos del apéndice:** asegúrese de hacer referencia a los elementos del apéndice en el cuerpo de la oferta. El lector podrá decidir si quiere leer más información y sabrá dónde encontrarla exactamente.

19

—

Hablar como un amigo bien informado

«La experiencia no es lo que te
sucede; sino lo que haces con
lo que te sucede.»

—Aldous Huxley, autor británico

Al redactar la oferta o presentación, tenga presente que a nadie le gusta escuchar (o leer) a un sabelotodo. Su misión es que el cliente reconozca que es un experto en el tema, pero sin dar una impresión antipática. El objetivo es lograr una relación duradera con el cliente. Por ello es una buena idea establecer una relación amistosa desde el principio.

Un **experto** le dice cómo debería resolver el problema. En cambio, un **amigo** bien informado le ayuda a resolverlo. Los clientes necesitan su información para tomar una decisión. Puede dejar que ellos sean los expertos y presentarse como el aliado útil que comparte su conocimiento sobre su empresa, productos y servicios y las ventajas que le aportarían al cliente.

En las siguientes frases verá la diferencia:

Experto: La empresa XYZ fabrica los componentes con titanio, un material resistente a grandes cambios de temperatura.

Amigo: Nuestros tornillos son de titanio para proporcionar la mayor durabilidad y resistencia a temperaturas extremas. Nuestro producto ha sido diseñado para adaptarse al uso intensivo en sus fábricas incluso en los diferentes climas de las plantas que tiene por todo el mundo.

Experto: La eficacia de la cadena de suministro se consigue con la estrategia pionera de nuestra empresa.

> **Amigo:** Nuestro asesores pueden mejorar la eficacia de su cadena de suministro trabajando en colaboración con sus expertos en producto. Les mostrarán nuestra estrategia única que ya ha obtenido resultados extraordinarios en muchas otras empresas.

Demuestre a los clientes que para usted es importante responder a sus necesidades, no solo explicar las maravillas de su producto o servicio. Con este enfoque le considerarán un socio, no solo un proveedor. Y logrará el objetivo de demostrar a los clientes que puede proporcionales la solución que están buscando. ¿Para qué están los amigos si no es para ayudar?

→ **Establezca una relación amistosa:** preséntese como un amigo bien informado que es capaz de hablar sobre su producto o servicio buscando las ventajas para el cliente.

→ **Hable con el cliente sin imponerse:** utilice un estilo orientado al cliente, con ejemplos que reflejen que conoce y comprende sus objetivos.

→ **Sépalo todo sin ser un sabelotodo:** deje que los clientes sean los expertos y envíeles un mensaje sólido que facilite colaboraciones reales.

20

Ir al grano

«Tenga sentido común y
vaya al grano.»

—Somerset Maugham, escritor

A los clientes no les entusiasma leer ofertas, aunque las pidan. Tenga presente que el objetivo de la oferta es informar y convencer, por eso debe huir de documentos tan largos como el *Guerra y paz* de Tolstói, que aburren y cansan al cliente. Vaya al grano y facilite la lectura al cliente.

Es cierto que una misma cosa se puede decir de múltiples maneras. En las ofertas y presentaciones, sea lo más preciso y concreto posible. Debe encontrar el equilibrio entre un argumento convincente y escribir largo y tendido. Asegúrese de que la información que incluye es absolutamente necesaria, no es de relleno.

Estos son algunos trucos para mejorar la legibilidad de las ofertas o presentaciones:

Escriba como un periodista: resuma en el primer párrafo la información más importante (quién, qué, cuándo, dónde, cómo y por qué) y estructure las respuestas a partir de los puntos que quiere destacar. A continuación, añada una o dos frases breves que detallen la información.

Utilice la voz activa, evite la voz pasiva: imagínese que está escribiendo un currículum. Utilice el mismo estilo convincente en las ofertas, siempre con el sujeto al principio de la frase:

> **Pasiva:** «Muchos clientes se han beneficiado de nuestra experiencia.»
> **Activa:** «Nuestra experiencia ha beneficiado a muchos clientes.»

> **Redacte frases y párrafos breves**: sin ser cortante, limite la longitud de las frases. Si la frase se complica, ponga un punto y comience una frase nueva. Para no cansar al lector, es recomendable que los párrafos no tengan más de cuatro o cinco frases.

Si su oferta es concreta, con un contenido claro y preciso, tiene muchas más posibilidades de que el cliente siga leyendo después del resumen ejecutivo. Además de que el cliente aprecia la concisión, usted escribirá menos y salvará algunos árboles cuando imprima el producto final.

→ **Directo, claro y conciso**: vaya directamente al grano y amplíe la información de las afirmaciones iniciales.

→ **Voz activa sí, pasiva no**: la voz activa es más directa y eficaz y utiliza menos palabras.

→ **Facilite la lectura**: mejore la legibilidad de la oferta con frases cortas y párrafos breves.

21

—

Evitar la terminología propia

«La jerga técnica es mitad traje de ceremonia, mitad barba postiza.»

—Mason Cooley, escritor estadounidense

« Necesitamos un ETA para estos RFP de COB.» Si no entiende esta frase, imagínese cómo se siente el cliente cuando lee una oferta con abundantes términos técnicos o terminología propia que no conoce. Aunque en nuestro lugar de trabajo utilicemos a menudo estos términos, solemos olvidar que fuera de la empresa esta terminología puede ser indescifrable. El cliente apreciará que hable con claridad y evite confusiones refiriéndose a cada cosa por su nombre.

Asegúrese de que el contenido de su oferta o presentación tiene el estilo adecuado y es fácilmente comprensible por el lector, sin transmitirle la sensación de que está hablando con un niño. Es muy probable que los lectores tengan diferentes grados de conocimiento de su empresa, por ello es recomendable escribir en un estilo que todos puedan comprender.

Algunas recomendaciones para mejorar la claridad de su oferta o presentación:

- **Describa un producto por lo que hace o es, no por su nombre comercial:** si ofrece servicios de asesoría que usted denomina «ServiExpres», explique exactamente al cliente en qué consiste, no solo cómo se llama.

- **Busque maneras creativas de explicar conceptos técnicos:** utilice una lista con puntos o instrucciones detalladas para explicar al lector un concepto nuevo. Póngase en su lugar y piense cómo le gustaría que alguien se lo explicara por primera vez.

- **Pida una opinión externa:** solicite a alguien externo a la empresa que lea la oferta y opine si es fácil de leer. ¿Los productos y servicios que ofrece están claros? Es una buena oportunidad para conocer la impresión del lector.

Otro modo de hablar el mismo idioma que el cliente en las ofertas y presentaciones es utilizar la misma terminología que el cliente. Por ejemplo, si una aseguradora utiliza el término «distribuidores» para referirse a sus vendedores en lugar de «agentes», demostrará un acercamiento al lenguaje corporativo del cliente si se refiere a los vendedores como «distribuidores» en su oferta. Hablar el mismo idioma es un buen comienzo para una futura relación comercial.

→ **No sea excesivamente técnico:** escriba la oferta o presentación para un lector medio, y evite los términos muy técnicos o que solo utiliza en su empresa.

→ **Explíquelo:** describa el producto o servicio o su función, no se quede solo con el nombre. Si el concepto es difícil de entender, explíquelo como si fuera la primera vez.

→ **Hable su mismo idioma:** elimine la terminología propia de su empresa, incluya la terminología del cliente para demostrar que entiende el sector del cliente.

22

—

Utilizar espacios en blanco y márgenes amplios

«El arte es limitación: la esencia
de todo cuadro es el marco.»

—Gilbert Keith Chesterton, escritor británico

¿Solo me lo parece a mí, o algunos periódicos económicos son difíciles de leer? Con letra pequeña y poco espacio entre columnas, dificultan mucho la lectura. Se necesita un interés extraordinario por la economía para leer todo el periódico sección por sección. No les exija esto a los clientes: evíteles tener que leer una oferta con páginas cargadas de texto.

Presente una oferta que entre por la vista, con generosos espacios en blanco y márgenes anchos. No suponga que le está haciendo un favor al cliente presentándole una oferta con toda la información acumulada en pocas páginas. Ser conciso en el contenido es importante, pero también lo es facilitar la lectura, y si los espacios en blanco alargan un poco la oferta, no se preocupe.

Algunos trucos para romper el texto y presentarlo de forma más atractiva son:

- **Párrafos cortos:** evite grandes bloques de texto. Prefiera los párrafos cortos y añada un espacio entre uno y otro para romper visualmente el texto.

- **Numeración o listas de puntos:** la numeración y las listas con puntos son útiles para destacar información. Además, son más fáciles de leer que un párrafo.

- **Columnas:** si tiene listas largas de información como un listado de clientes o nombres de productos, divida la información en dos o tres columnas con márgenes amplios entre ellas.

- **Alineación a la izquierda:** deje los textos con justificación central para las columnas de los periódicos. En los documentos empresariales, evite los espacios irregulares entre palabras que quedan cuando justifica un texto a derecha e izquierda.

- **Tamaño de fuente entre 10 y 12 puntos en el cuerpo del texto:** en los títulos y subtítulos, un tamaño mayor pero sin excederse.

- **Colores adecuados:** utilice estratégicamente el color en los títulos para realzar los puntos que pueden mejorar la legibilidad de la oferta. Limítese a dos o tres colores, y utilícelos siempre con la misma función a lo largo de todo el texto. Compruebe que el texto se lee bien en blanco y negro por si el cliente o usted lo imprimen sin color.

Deje un amplio margen en la parte superior, inferior y en los laterales del documento. En la parte inferior, el espacio en blanco ayuda a diferenciar claramente la información del pie de página (nombre del documento, fecha y número de página) del texto principal de la oferta. Los clientes le agradecerán que el formato les facilite el proceso de revisar la oferta de forma ágil y rápida.

→ **No escriba en bloque:** las páginas con bloques largos de texto asustan y ahuyentan al lector. Utilice espacios en blanco y márgenes amplios en aras de la legibilidad.

→ **Rompa el texto visualmente:** evite la monotonía con párrafos cortos, listas de puntos y tamaños y colores de fuente adecuados.

→ **Amplíe los márgenes:** deje abundante espacio alrededor de la página, especialmente en los laterales y entre el pie de página y el texto principal.

23

Comprobar que la ortografía, la gramática y la puntuación sean perfectas

«Mi experiencia del mundo
es que las cosas no salen bien
solas.»

—Thomas Henry Huxley,
biólogo y educador británico

Dicen que la gente se fija en la ropa de una persona desaliñada y, en cambio, cuando una persona va bien vestida se fija en la persona. Aplique la misma regla y revise la oferta o presentación. Si está llena de errores de ortografía o puntuación, a los clientes les costará olvidarse de su falta de atención al detalle. Si no hay errores, se podrán concentrar en el mensaje.

Distribuya el tiempo de preparación de la oferta de forma que disponga de un amplio margen para revisarla por completo antes de enviarla al cliente. La revisión es obligatoria, no es algo que pueda hacer solo si tiene tiempo. La oferta debe reflejar la calidad, la atención al cliente y la preocupación por los detalles que intenta vender al cliente. Si le presenta un documento que no es perfecto, el cliente supondrá que su producto o servicio tampoco lo será.

Durante la revisión, responda a estas preguntas:

- ¿Hay errores de ortografía, gramática o puntuación?
- ¿Cada pregunta tiene su respuesta completa?
- ¿La terminología es coherente a lo largo de toda la oferta?
- ¿El nombre del cliente está bien escrito todas las veces?
- ¿Lo encabezados y los números de página son correctos?
- ¿Las referencias a otras secciones, páginas o preguntas son correctas?

Revisar su propio trabajo es bueno, pero no es totalmente fiable. Habrá leído la oferta tantas veces que habrá errores que ni siquiera verá. Siempre es mejor que después de que usted revise el texto, otro par de ojos (o incluso un tercer par) lo revisen. Cuando esté seguro de que el texto está perfecto y esté convencido de que es su mejor trabajo, ya estará muy cerca de ganar el concurso.

→ **Preste atención a los detalles:** los errores de ortografía, gramática y puntuación distraen al lector del mensaje y reflejan falta de atención en la calidad que está intentando vender al cliente.

→ **Es obligatorio revisar el texto:** no importa el tiempo del que disponga, debe asignar el tiempo necesario a la revisión para asegurarse de que el documento es completo, coherente y está escrito impecablemente.

→ **Revisión ajena:** otro par de ojos puede ver errores en la oferta o presentación que a usted le hayan pasado por alto, y corroborarle que es todo lo «perfecto» que puede ser.

24

Esforzarse por seguir las instrucciones

«De nada sirve decir 'Hacemos todo lo que podemos'. Tienes que lograr hacer lo que es necesario.»

—Winston Churchill

Las personas que tienen talento tras los fogones suelen decirles a los principiantes: «Si puedes leer, puedes cocinar». Muchas veces no es tan sencillo. Podría parecer que, en las ofertas, hacer lo que dice el cliente es fácil, pero, por sorprendente que parezca, una de las principales quejas de los clientes es que las ofertas que reciben no siguen sus instrucciones.

Solo con seguir las instrucciones del cliente ya se estará diferenciando del resto de la competencia. Fíjese en las instrucciones como si le fuera la vida en ello: pues el proyecto sí depende de ello. No se limite a intentarlo: haga todo lo que esté en sus manos para seguir todas y cada una de las instrucciones del cliente, aunque a usted le parezca que no tienen importancia.

Las empresas públicas son especialmente quisquillosas en las instrucciones de las solicitudes de oferta. Sus instrucciones no se refieren solo al contenido, sino también al espaciado, la numeración de las páginas e incluso el tipo y tamaño de la fuente. Piense que cuantas más instrucciones tenga una solicitud, más importante es para el cliente que las siga de forma estricta.

Antes que nada, lea el texto de la solicitud de propuesta por completo y subraye las instrucciones y los puntos clave que indica el cliente. Es recomendable preparar una lista de comprobación de todo lo que debe comprobar antes, durante y después de redactar la oferta. Evite la desagradable sorpresa de descubrir al final del proceso que tenía que utilizar letras en lugar de números para enumerar las respuestas y un tamaño de letra de 10,5 de una fuente ¡que ni siquiera tiene!

Asegúrese de que la oferta sigue todas las instrucciones. Inclúyalo como un punto del proceso de edición o revisión de la oferta. Además de presentar un contenido convincente en un texto perfecto sin errores de ningún tipo, si sigue las instrucciones del cliente, sumará unos puntos «decisivos» para que su oferta gane el proyecto.

→ **Siga las instrucciones:** una de las principales quejas de los clientes es que las ofertas que reciben no siguen sus instrucciones. Asegúrese de seguirlas.

→ **Lea, aprenda y ponga en práctica:** lea desde el principio y comprenda todas las instrucciones. Sígalas todas, aunque le parezcan poco importantes.

→ **Compruebe y vuelva a comprobar:** convierta la comprobación de las instrucciones en una parte del proceso de edición y revisión. Garantizará que la oferta está lista para ganar.

Al final de esta segunda parte del libro, de nuevo le propongo hacer este pequeño trabajo de rememoración. Intente anotar las palabras clave que resuman aquellas ideas o consejos que le han llamado más la atención. El título de cada capítulo le servirá para refrescar la memoria y situarse. Con este ejercicio, seguramente, descubrirá todo aquello que le ha llamado más la atención y que le puede ser de mayor utilidad.

Presentar un texto claro, preciso y bien organizado (p. 75)

_____

_____

_____

_____

Organizar el material exactamente como el cliente (p. 77)

_____

_____

_____

_____

Utilizar títulos y subtítulos (p. 81)

_____

_____

_____

_____

Responder a todas las preguntas (p. 85)

_____

_____

_____

_____

Repetir siempre que sea necesario (p. 89)

_____

_____

_____

_____

Aportarlo en el apéndice (p. 93)

_____

_____

_____

_____

Hablar como un amigo bien informado (p. 97)

_____

_____

_____

_____

Ir al grano (p. 101)

_____

_____

_____

_____

Evitar la terminología propia (p. 105)

_____

_____

_____

_____

Utilizar espacios en blanco y márgenes amplios (p. 109)

_____

_____

_____

_____

Comprobar que la ortografía, la gramática y la puntuación sean

perfectas (p. 113)

_____

_____

_____

Esforzarse por seguir las instrucciones (p. 117)

_____

_____

_____

_____

Sobre la autora

Heather Pierce es redactora de comunicaciones empresariales y cuenta con una amplia experiencia en la redacción de ofertas y presentaciones empresariales. Ha trabajado para las principales empresas de los Estados Unidos, así como para revistas especializadas, boletines informativos y publicaciones en línea.